REFLEXIONES EMOTIVAS, EMOCIONES REFLEXIVAS

EDITORIAL
STENELLA

www.editorialstenella.com

REFLEXIONES EMOTIVAS, EMOCIONES REFLEXIVAS

AGUAS RODRÍGUEZ PRIETO

EDITORIAL
STENELLA

Diseño de la portada: RMH Design
Impresión: Service Point FMI, S.A.
Depósito legal: B 8443-2017
ISBN: 978-84-943661-4-7
Impreso en España / Printed in Spain

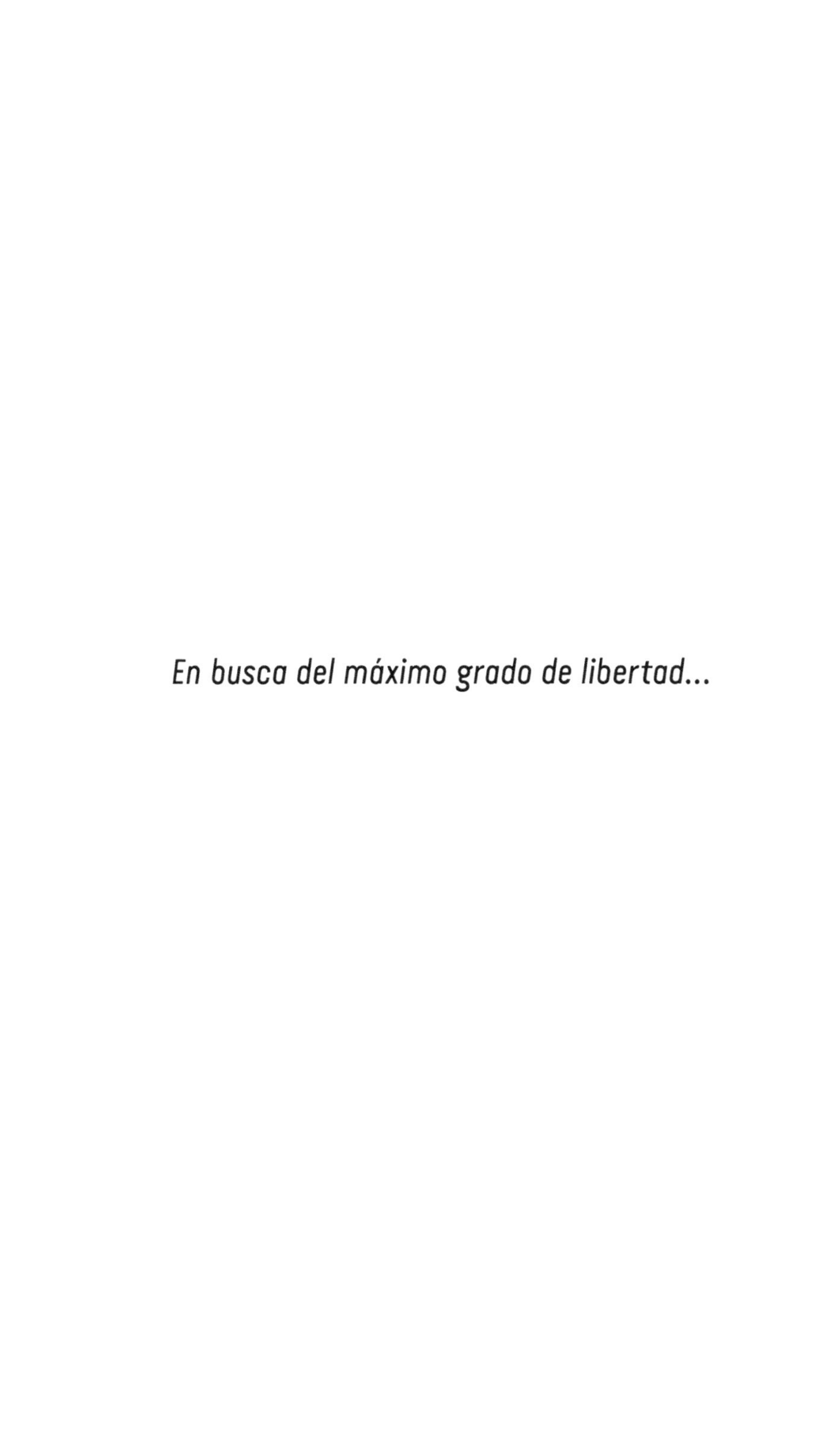

En busca del máximo grado de libertad...

AGUAS RODRÍGUEZ PRIETO

Es bióloga y escritora. Combina sus trabajos de investigación con la escritura y la edición de libros y novelas. Es asesora científica y autora y editora de más de un centenar de publicaciones en diferentes grupos editoriales (Anaya, Edebé, Edelvives, Santillana, Larousse-Vox, etc.).

Para más información sobre la autora:
www.aguasland.com

Otros títulos de la autora:
Qwerty

Prólogo

Una de las cosas buenas que he aprendido a hacer en la vida es a observar detenidamente el mundo. Para mí es de gran utilidad mirar y volver a mirar aquello que primero parece una cosa y después parece otra, porque mi concepto sobre esa cosa va cambiando, madurando y evolucionando…, fluyendo como el agua de un río.

Me he acostumbrado a observarlo todo con detenimiento, y esto se ha convertido en un hábito que, al aplicarlo en lo cotidiano, me ayuda a encontrar las claves para esclarecer y resolver cuestiones, desde las más insignificantes hasta las más importantes.

Cuando estoy a punto de desplomarme en medio del caos, automáticamente le doy vueltas y más vueltas a la situación. La miro y la vuelvo a mirar hasta que por fin doy con el punto de vista que encaja a la perfección en mi mundo, un puzle hecho a mi medida.

Mantener la mente en positivo me ayuda a estar más lúcida y a avanzar sin temores por la vida…

UNA LUNA PARA
PERDER LA COMPOSTURA

Secretos que flotan en un mar de luces y destellos

Es de noche y el ambiente se carga de secretos que no se esconden, sino que se desvelan. Esta vez contemplo la Luna, que brilla centrada en mi ventana. Es tan grande que parece que vaya a poder tocarla con las manos. Sonrío y voy creyendo y cayendo en la luz que refleja. Me crezco ante ella y me dejo mecer por su influjo; le abro la puerta y entra en mis sueños, los endulza, y me acuna hasta que me duermo.

Sueño que caigo rendida ante la estela que dibuja su reflejo en el agua. Siento que me desplomo y lucho para no perder el control. En el sueño presiento que está muy cerca de mí…, que me vigila..., que atiende a mis movimientos..., que se esfuerza por encontrar la manera de comunicarme, con grave disimulo, qué hace y adónde va, por si necesito encontrarla en algún momento. Si me desvelo, sé que es porque está dentro de mis sueños, y si vuelvo a cerrar los ojos, me encuentro reflejada en los suyos, flotando en un mar de luces y destellos. Me pregunto si esto que siento es amor verdadero, del incondicional, del sublime y acrisolado, y pienso que si realmente lo fuera, mis alas de ángel no se habrían paralizado. Respiro profundamente y, antes de que sea demasiado tarde, hago un último intento. Me cuesta..., pero por fin despliego las alas y echo a volar.

Al despertar, las emociones se congelan y la parte racional comienza a operar. Me parece curioso que la Luna me inspire estas emociones, porque la Luna en sí no me habla de nada, soy yo la que le confiere un propósito. Dar intención a las cosas es propio del ser humano, como crearse expectativas y guardar esperanzas ante lo que se cree admirar en la distancia. Estos sentimientos, con los que otorgamos vida a las cosas, nos salen de dentro, aunque no sé con certeza de qué órgano concreto. ¿Será del cerebro del corazón, del de la cabeza, o de ambos a la vez?, ¿o tal vez sea del corazón del cerebro?

A la mayoría de nosotros nos da igual de donde salgan, simplemente sabemos que emergen, y lo que realmente nos importa es el placer que sentimos al cubrirnos con ellos. Notar un hormigueo en el estómago saciado o sentir cómo se nos eriza todo el vello del cuerpo en un día caluroso son detalles que nos invitan a realzar lo que se sale de la lógica y a desear que la magia se haga eterna.

Es fácil perderse en el universo de las emociones. De pequeños no nos enseñan a gestionarlas, pero poco a poco las vamos descubriendo y, con el tiempo, aprendemos a saber qué hacer con ellas. Los que toman conciencia de ellas buscan el equilibrio para evitar ser presa de los devaneos emocionales. Probablemente sea porque saben que en una región profunda del cerebro se encuentra un cableado de neuronas que controlan las emociones. Y tal vez también sepan que, la mayor parte del tiempo, contenemos esas emociones con otra zona del cerebro, la parte frontal, una región más evolucionada que madura tras superar la adolescencia. Esta zona también se encarga del pensamiento abstracto, nos facilita la concentración y evita que realicemos acciones inapropiadas.

Cuando perdemos la compostura la parte frontal del cerebro se desactiva y permite que el cableado de la región interna tome las riendas, liberando con ello las emociones. En una situación así, bloqueamos la parte más evolucionada de nuestro cerebro y recurrimos a la más primitiva, la que saca a relucir nuestros instintos. Para que esa explosión de emociones incontroladas no nos acabe paralizando, deberíamos saber que el cerebro, en esos momentos, ha hecho una regresión; cree estar al comienzo de los tiempos, cuando corríamos por la sabana buscando dónde resguardarnos, asustados por el resplandor de un rayo y por el consiguiente rugido del trueno.

Es emocionante dejarse llevar, y razonable, traerse de vuelta…

UNA CAJA DE RECUERDOS
Y UNIVERSOS PARALELOS

La dinámica del cosmos

Mientras me concentro en encontrar un tema para el próximo escrito, a la memoria me van llegando imágenes de lo que podría ser y será, y también de lo que podría ser y no será, y de lo que, probablemente, podría ser y tal vez sea en otro momento. Dos de esas imágenes captan mi atención: una caja llena de recuerdos y un multiverso, un concepto de física cuántica que se refiere a los universos paralelos, otros mundos en los que existen mis otros «yo» viviendo realidades alternativas. Juego con estas dos ideas durante un rato y empiezo a escribir con el cerebro de mi corazón; después, reescribo el texto resultante bajo las órdenes del cerebro de mi cabeza.

Me imagino a mis otros «yo» de los universos paralelos y me pregunto si todos tendrán también una caja como la que yo contemplo en este instante. Y si la tienen, me pregunto también de cuántas maneras diferentes se combinará su contenido en cada uno de esos universos paralelos.

En mi universo consciente u observado, el tiempo se ha congelado dentro de esta caja de recuerdos, en la que voy depositando fotografías, poemas, cartas, escritos y postales, entre otras muchas cosas. Confieso que me gusta guardar recuerdos y revivirlos de vez en cuando, pero no me gusta recrearme en ello. Son contadas las ocasiones en las que he abierto esta caja, porque pocas son las veces que he necesitado hacerlo. Prefiero estar mirando siempre hacia adelante, y no hacia atrás. Del pasado sólo retengo las enseñanzas que me ayudan a crecer como persona, porqué, al final, con el tiempo, todo lo bueno y lo malo que he vivido se acaba fundiendo y confundiendo, y lo único que importa es cuánto he aprendido y avanzado.

Sé que había muchas otras alternativas para llegar hasta el mismo punto en el que estoy hoy, y que yo escogí una de ellas; sin embargo, no dejo de preguntarme adónde fueron el resto de las otras opciones que tuve y adónde irán las que tengo y tendré. Me alivia pensar que todas esas posibilidades se dieron, se dan y se darán a la vez en diferentes universos paralelos que jamás podré ver.

Esta extraña idea de los universos paralelos sostiene que cualquier situación en la que nos encontremos, antes de que la observemos, o dicho de otro modo, antes de que tomemos conciencia de ella, adopta todas las posibilidades. Esto es como decir que nuestra realidad existe en forma de nubes de probabilidades, como si fuera algo impreciso que sólo se concreta cuando marcamos una de las opciones. Y cada vez que seleccionamos una alternativa, nuestro universo se divide y aparece otro universo nuevo, que sería idéntico al otro sino fuera por la única cosa de cuyo cambio hemos sido conscientes. Según esta hipótesis, parece ser que todo lo que pasa en nuestras vidas nos hace ir avanzando por una serie de universos que se van bifurcando como las ramas de un árbol.

Tanto en éste como en los otros universos paralelos que se han ido generando, nosotros mismos hemos sido los que hemos ido escogiendo las opciones, presupongo que con aplomo, aunque algunas veces nos hayan llevado por el camino errado. Hacerse responsable de todos los pasos que se han ido dando, para mí, es la única forma de disfrutar del máximo grado de libertad, al que nunca me canso de aspirar.

Ojalá que escojas siempre el camino que te haga brillar con tanta intensidad como las estrellas en el firmamento.

MENSAJERÍA
SUTIL Y FUGAZ

Trascender la distancia que nos separa

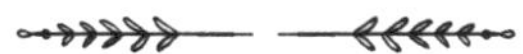

A medida que pasa el tiempo, voy creyendo cada vez más que la vida consiste, fundamentalmente, en disfrutar de los pequeños placeres del día a día. Para mí, uno de esos placeres se produce cuando me siento en un parque a tomar el sol y me dedico a contemplar lo que pasa, sin más aspiración que la de estar ahí y sentir lo que trae ese instante.

Una brisa suave zarandea, tímidamente, las hojas de un árbol. Un perro ladra encima de un montículo. Un niño se cae y llora desconsolado mientras su madre lo arropa con todo su amor, emitiendo doscientos vatios de energía, o más.

De repente, noto un nudo en la garganta. Me pregunto a qué puede deberse. Tengo una extraña sensación de ahogo que reconozco al momento… Es lo mismo que siento cuando caigo en desasosiego, pero es extraño, porque presiento que no va conmigo. Vuelvo a mirar a mi alrededor. El viento continúa moviendo las hojas de los árboles, el perro se ha cansado de ladrar y se ha bajado del montículo, y el niño está jugando tranquilo, bajo la mirada atenta de su madre. Y yo sigo notando el nudo en mi garganta. No tengo motivos para estar preocupada: mi vida pasa tranquila y apacible, estoy viviendo uno de esos cálidos y dulces momentos que me abrazan con ternura sabiendo que, tarde o temprano, se convertirá, tan sólo, en una estela fugaz que permanece en el cielo hasta desvanecerse.

Me suena el móvil. Es una persona a la que quiero mucho. La noto inquieta. Me cuenta que unos instantes antes había estado pensando en llamarme… Me echaba de menos y necesitaba hablar conmigo. Después de charlar un rato, desconecto el teléfono y el nudo de la garganta se ha deshecho, ya no lo noto. Aunque no es la primera vez que me ocurre (y me temo que tampoco será la última), no dejo de preguntarme: ¿Es posible que el nudo que he notado en la garganta esté relacionado con esa llamada? Y si es así, ¿cómo es posible que me llegue la información mucho antes que la llamada de teléfono?, ¿puede haber una explicación plausible y al margen de la de «el nudo no lo he generado yo, sino que lo estaba captando de afuera»? Y, en este caso concreto, ¿qué es lo que estoy recibiendo, pensamientos y emociones? Parece de locos, pero no tiene por qué ser así. Podría existir una explicación para este suceso. Me he fijado que en estados de contemplación como este se desbloquea, de alguna manera, mi antena, que la mayor parte del tiempo está colapsada por mis pequeñas preocupaciones y ocupaciones. Cuando estoy contemplando algo o meditando, soy capaz de percibir más que lo que habitualmente capto con mis cinco sentidos, con los que estoy tan acostumbrada a convivir. ¿Es posible que exista un sexto sentido, oculto dentro de nuestro cerebro, que funcione como una mensajería sutil y fugaz?

Ahora mismo la ciencia no tiene respuesta para estos fenómenos extraordinarios, y yo tampoco voy a inventarme una, simplemente estoy pensando en voz alta. Es posible que la física, concretamente la mecánica cuántica, nos ofrezca pronto una explicación. Me refiero al extraño fenómeno del entrelazamiento cuántico, un objeto del microcosmos con el que se consigue que la información se transmita entre sistemas de manera instantánea, sin importar lo lejos que puedan estar uno de otro. Asumiendo que los seres humanos somos sistemas, es lícito pensar que podemos emitir y recibir información instantánea a través de una extensa red que nos conecta con todas las partículas del universo entero.

Pero, ¿qué es el entrelazamiento cuántico? Imagínate una partícula que se divide en dos. Si nos llevamos un fragmento al polo norte y el otro al polo sur, sólo con observar una propiedad de uno de los fragmentos sabremos al momento el estado del otro, gracias a la singular correlación que se establece entre ellos. Las partículas que han formado parte de un sistema y se aíslan, quedan entrelazadas, es decir, continúan manteniendo propiedades cuánticas comunes, aun cuando se las separe a quilómetros de distancia. El entrelazamiento cuántico es un hecho demostrado experimentalmente y se prevé que pronto pueda aplicarse en computación y criptografía.

Parece ser que cuando mantenemos vínculos estrechos con personas afines a nosotros, nuestros átomos se fusionan de tal manera que forman un único sistema, y aunque nos encontremos separados a grandes distancias, podemos notar, antes de saberlo por cualquier otro medio, que uno necesita al otro.

VERDAD,
PRÓXIMO DESVÍO

La ilustre función del cerebro del corazón

En ocasiones, observar un simple atardecer me ayuda a rellenar ese hueco existencial que, de vez en cuando, siento. Dicen que el arte se inventó como medicina para curar esta enfermedad.

La naturaleza, maestra de artistas, despliega su paleta de colores. En el horizonte, un destello amarillo y radiante se va desvaneciendo con el paso del tiempo. El cielo azulado se va oscureciendo. El oleaje golpea la orilla, las olas van y vienen, la atracción que ejercen la Luna y el Sol tira del agua y, después, la suelta en un vaivén constante e ininterrumpido. Poco a poco, la estrella luminosa desciende y el cielo se cierra... Anochece. La Tierra acaba de completar una vuelta sobre su propio eje, un movimiento de rotación permanente que ha durado veinticuatro horas.

La medicina empieza a hacer efecto. Me dispongo a observar el mundo a través del objetivo de un telescopio, y sueño... Sueño que voy andando por el universo. El camino se estrecha cada vez más, pero yo continúo. Empiezo a estar cansada cuando aparece un cartel que anuncia una salida y me indica una coordenada y una declinación estelares. ¡No te lo vas a creer! Debajo de la coordenada y de la declinación se puede leer: «Verdad, próximo desvío». Mi paso se anima y cojo el desvío dispuesta a encontrarme cara a cara con lo que más aprecio en la vida; entonces, mi sueño se esfuma..., se desvanece cuando estoy a punto de desvelar el misterio. Aun así, continuo caminando, no me doy por vencida porque estoy convencida de que tarde o temprano lo conseguiré.

Esto tiene su explicación. Dedico gran parte de mi tiempo a la ciencia, en busca de la verdad, y he acabado como un «lobo solitario». Me paso tantas horas ensimismada en la tarea, que me queda poco tiempo para dedicar a otra cosa. Aquello que me preocupa va conmigo todo el tiempo; avanzo un paso, luego me doy cuenta de que estaba equivocada y doy marcha atrás, es frustrante. Lo que me hace insistir y seguir adelante es ese momento inesperado en el que me percato de algo nuevo; entonces, experimento una emoción tan descomunal que el placer que me proporciona difícilmente se supera con cualquier otra cosa. Y eso me instiga a ir en busca de más…

En uno de esos atardeceres, caí en la cuenta de que los colores, aromas y sonidos que había percibido el día anterior no parecían ser los mismos que percibía ese día: el amarillo tenía otra tonalidad, el olor a mar era más intenso y el oleaje sonaba con más fuerza. Y he aquí la eterna pregunta: ¿He cambiado yo o el mundo que me rodea?, o dicho de otra manera, ¿debo fiarme de la información que captan mis sentidos o debo consagrar tan ilustre ocupación al cerebro de mi cabeza y al de mi corazón?

A nivel macroscópico, según las condiciones, tanto psicológicas como fisiológicas en las que me encuentre, un día percibo una cosa y al otro día percibo otra. Soy un organismo vivo imperfecto, el producto de millones de años de evolución. Los órganos que se encargan de los sentidos no captan la información de manera fiable, es mi cerebro el que se encarga de rellenar los huecos que faltan. A nivel microscópico, nuestros sentidos están hechos de átomos, que interactúan de forma transitoria con los átomos de los objetos que captan; por eso vemos, olemos, oímos, etc. Esta percepción está modulada por un principio físico, conocido como principio de incertidumbre de Heisenberg, que sostiene que «la observación afecta lo observado», es decir, que cuando observamos algo lo cambiamos.

Sin lugar a dudas, la verdad que esconden las cosas es mucho más profunda de lo que se percibe. Es fácil entrever que hay mucho más detrás de esas imperfecciones, y esa certeza innata e intuitiva, en ocasiones, nos la proporciona el cerebro de la cabeza y, en otras, el del corazón.

UN HAYEDO
MUY ESPECIAL

La magia de un mundo en miniatura

Antes de entrar en materia me gustaría sugerirte que te dejes llevar, que por un momento recuperes la plasticidad mental que tenías cuando eras un niño (no es que la hayas perdido, simplemente la mantienes oculta, silenciada). Me explico: a un niño, todo le parece increíble, se sorprende con frecuencia. Eso hace que dé rienda suelta a su imaginación, que piense que todo tiene cabida en su mundo interior y que, por lo tanto, continuamente intente materializarlo en el mundo exterior. Con el paso del tiempo, la mayoría de los adultos ponemos el modo automático: tendemos a ser prácticos, a decantarnos por ideas preestablecidas y, finalmente, acabamos convirtiendo esa extraordinaria plasticidad en rigidez mental, lo cual nos incapacita, en la mayoría de las ocasiones, para ir más allá de lo que vemos, oímos, olemos, degustamos, tocamos, sentimos y presentimos. Por suerte, no todo el mundo es así; hay quien nos invita, de vez en cuando, a continuar creyendo en la magia.

Una fría mañana de invierno, estuve paseando por un bosque, concretamente un hayedo. Los bosques adquieren nombre propio cuando una especie de árbol predomina; en este caso, el árbol predominante era el haya (*Fagus sylvatica*). Este árbol forma parte de bosques muy importantes, y crece preferentemente en suelos ricos y húmedos. Al ser un árbol caducifolio, es decir, que pierde sus hojas cuando llega el frío, durante el otoño y el invierno el suelo del hayedo se cubre de hojarasca, un manto tupido de hojas muertas. Los árboles se quedan desnudos, entran en un coma profundo; su actividad metabólica se ralentiza y dejan de realizar la fotosíntesis, razón por la cual se deshacen de las hojas, ya que no las necesitan y no las volverán a utilizar hasta la siguiente primavera, cuando de los nuevos brotes salgan las nuevas hojas.

A simple vista, el paisaje parecía una estampa, nada se movía, nada se inmutaba. Hice una fotografía para tener una visión macroscópica del bosque en ese instante. Estando allí de pie, delante de un árbol, me imaginé que podía reducir mi tamaño hasta un nivel subatómico, ser más pequeña que un átomo. El paisaje que encontraría entonces sería muy diferente. No tardaría en darme cuenta de que la tranquilidad que respira el bosque, en realidad, se sustenta bajo un escenario caótico e impredecible, un extraño mundo de azar y probabilidades.

El bosque, visto como mundo macroscópico, está gobernado por las leyes de la física newtoniana o mecánica clásica. Estas leyes ya no son un misterio para nosotros, el azar y las probabilidades se encuentran bajo control y podemos afirmar que prácticamente no existen, en un sentido estricto. Desde el punto de vista determinista, conociendo a la perfección las condiciones del bosque se puede saber en todo momento su estado; es decir, podemos conocer su pasado y su presente, y hasta predecir su futuro. A escala microscópica, sin embargo, nuestro bosque no está gobernado por la física de Newton, sino por la física cuántica, una teoría que desafía nuestro sentido común. Y es aquí, ahora, donde apelo a tu plasticidad mental. Te voy a dar una breve y simple descripción de lo que se supone que podría estar pasando a escala microscópica en ese mismo bosque apacible y tranquilo.

Si cogiésemos cualquier tipo de materia, tanto viva como inerte, y fuésemos haciendo trozos cada vez más pequeños, finalmente nos toparíamos con el átomo, la expresión más pequeña de la materia, que el filósofo griego Demócrito creía indivisible. Toda materia está formada por átomos, ya sea un león, una roca, el Sol, la Tierra, el aire, el agua, tú o yo, etcétera. Todo lo que te puedas imaginar está formado por átomos. Y estos átomos, a su vez, están formados por partículas aún más elementales... Sí, el átomo todavía se puede dividir en partes más pequeñas: los protones y los neutrones se concentran en una región del espacio, llamada *núcleo*, y proporcionan al átomo su carga positiva; los electrones, con carga negativa, se mueven alrededor del núcleo y son difíciles de localizar, por esta razón se dice que se encuentran en un orbital, una región del espacio donde la probabilidad de encontrarlos es muy alta. La atracción de las cargas opuestas los mantiene unidos. Los protones y los neutrones se pueden dividir, a su vez, en quarks. Así pues, los átomos de Demócrito, que creía que eran partículas indivisibles, ahora serían los quarks y los electrones, que pertenecen a diferentes familias de partículas elementales. Hay una teoría, la teoría de cuerdas, que propone una división más de la materia.

Sostiene que los quarks y los electrones están formados por un hilo de energía, en forma de cuerda, que vibra. Pero de momento, nos vamos a quedar en los quarks y los electrones. El comportamiento de estas partículas subatómicas está fuera de toda lógica establecida. En el mundo microscópico, lo que no está prohibido es obligatorio, una partícula puede no estar y estar en todos los sitios a la vez, puede atravesar muros y comunicarse con otras partículas a miles de quilómetros de distancia. En este mundo en miniatura, los conceptos de izquierda, derecha, delante, detrás, arriba y abajo se desmoronan, y el tiempo no tiene una dirección concreta, no se puede distinguir entre el antes, el después y el ahora.

Si se pudiera extrapolar la visión microscópica a la macroscópica, observarías que las partículas elementales que constituyen el bosque pueden dividirse en tres, realizar tres tareas al mismo tiempo y después volver a unirse otra vez; que tienen la capacidad de girar sobre su mismo eje, pero que al chocar contra algo su movimiento de giro permanece inalterable; que pueden saltar desde lo más alto hacia abajo y emitir luz, y viceversa, es decir, que pueden saltar desde abajo hacia lo más alto y absorberla (en el primer caso, al emitir luz, estarían viajando atrás en el tiempo, y en el segundo, al absorberla, estarían viajando hacia el futuro)…

Bueno, por hoy déjalo correr, vuelve a tu cómodo estado de rigidez mental, si es que puedes después de leer esto… Y sí, te estoy retando.

UN VACÍO VERDADERO

El amor acrisolado e imbatible que esconde el infinito

La palabra *vacío* tiene muchos significados. Según a qué o a quién se aplique significa abismo, falta de contenido, ausencia de algo o de alguien, presunción o arrogancia. También está el vacío que define, desde un punto de vista general, la ciencia; y el que define, desde un punto de vista más concreto, la física, el vacío cuántico, el que se presenta en un espacio que no es verdaderamente inerte, porque contiene algo que salta adentro y afuera de la existencia. Algunos dicen que el mundo en el que vivimos inmersos es un vacío cuántico y lo llaman *vacío verdadero*. Este vacío verdadero, el éter de los clásicos y la energía vital de los metafísicos, se describe como un mar de energía en el que cada partícula está en constante movimiento. En conjunto, y a escala macroscópica, estas partículas forman un tejido elástico que aloja el espacio y el tiempo y que conecta el universo entero.

Y en un rincón de este inmenso universo estoy yo, enfrentándome a un verdadero vacío, el que crea una hoja en blanco. Lápiz en mano y a punto de empezar, no hay día en el que, durante un instante, no me venga abajo, porque el propio vacío me arrastra y me empuja a pensar que es imposible que saque algo de la nada. Y no hay día en el que me rinda y no siga insistiendo, porque, en el fondo, sé que tarde o temprano haré que de ese vacío surja algo. Hoy no tengo ganas de esperar… Me sumerjo en mi universo interior y buceo hasta llegar a su expresión más ínfima. Allí me encuentro con mi vacío verdadero, un espacio accidentado y turbulento, y compruebo que no es inerte, sino que está lleno de vida. Siempre hay algo que se crea y se destruye, se destruye y se crea al mismo tiempo, en una danza invisible que equilibra los contrarios y que no acaba de precisar qué será y por donde irá. Este vacío es caótico, un mundo que surge y desaparece, que va y viene, y debo darme prisa en cazar al vuelo su esencia y en materializarla en el papel antes de que se vuelva a difuminar, porque siempre es diferente lo que se asoma y se esconde, cambia y se renueva.

Cuando por fin atrapo la esencia, me doy cuenta de que se trata del sentimiento más sublime de todos, el amor. La conciencia nos capacita para sentir sentimientos, y éstos, a su vez, nos empujan a actuar. Siento amor, y este amor me motiva a describir y a compartir lo que siento. No recuerdo ni cuándo ni cómo empecé a sentirlo, y no es fácil de definir. Es posible que al principio lo confundiera con uno de sus múltiples sucedáneos, pero para eso está el tiempo. Esperé, y, después de reflexionar sobre este sentimiento, descubrí que no era malicioso, sino arrollador, incondicional, noble e invencible. Confirmé así que es auténtico y supe entonces que se trataba de amor de verdad. Y ahora sé que cuando cumple con todos estos requisitos se hace eterno, que nunca tendrá un final. El amor de verdad es ciego y precisamente en ello reside su belleza. Cuando se proyecta desde un vacío verdadero, llega al corazón y lo enciende, y el calor que genera despierta el alma, que se expande hasta topar con los límites de la piel y la empuja hacia afuera. No puede contenerse, porque el alma en ese estado aspira a lo más elevado. Sentir este tipo de amor da mucho vértigo. El corazón se pone a arder en llamas, y mientras, tú conservas la mente despejada. Y despliegas las alas y vuelas alto, muy alto, soltando lastre, sin miedo a la nada.

He encontrado tanta armonía en este descenso hacia mi vacío verdadero que me atrevo a invitarte a que sumes al concepto de vacío el significado de vacío verdadero, el que te contiene a ti y a mí y el que contienes tú, yo y todo el universo entero.

HOMO SAPIENS
SUBESPECIE CONSCIENS

Reprogramando la delicadeza

Hace meses que intento redactar un escrito opinando sobre la situación que estamos viviendo en estos tiempos. Pero cuando me pongo a escribir, lo acabo aparcando. En parte, porque estoy agotada de oír tantas veces lo mismo…, me da la sensación de que estamos metidos en un bucle. Y en parte, porque poco entiendo (y poco quiero entender) de política, economía y finanzas.

Si os preguntáis qué puede decir sobre este tema una bióloga con alma de escritora, os estaréis haciendo una buena pregunta. Tal vez os diga algo, o tal vez no os diga nada. Como bióloga, entiendo de seres vivos y de sus constantes interacciones con el medio, de cambios propiciados por la presión que ejerce el ambiente, etc. Como escritora, cubro mi necesidad de transmitir algo a los demás, para goce y disfrute de todos, manteniéndome siempre cerca de la luz.

Para no aburriros contando siempre lo mismo, intentaré dar un giro inesperado al tema, imitando lo que hizo la Naturaleza cuando le puso ojos al mar en sus estrellas (me gusta pensar que lo hizo para que se fijaran en sus homónimas del cielo).

Cuando algo me aburre o me cansa e irremediablemente tengo que batallar con ello cada día, me salgo del cuadro y lo miro desde lejos para verlo con otros ojos, en un desesperado intento de sacar a relucir la verdad, el amor, la bondad, la inteligencia, la belleza o la humanidad que pueda contener y atisbar una luz en la penumbra. La luz que se presenta me alumbra sólo un camino, el del cerebro del corazón, que me dice que lo material no debería estar por encima de lo espiritual, que deberíamos cambiar nuestras creencias, heredadas de un sistema que nunca funcionó, por otras nuevas que nos lleven a mejorar las condiciones de vida de todo ser vivo que habita el planeta.

En su libro *El origen de las especies*, Charles Darwin dio respuesta a la siguiente pregunta: ¿Por qué hay tanta diversidad de seres vivos? De su idea fundamental, la evolución por selección natural, dedujimos que la especie que prospera y sobrevive no es la más fuerte, ni la más inteligente, sino la que responde mejor al cambio.

Homo sapiens (hombre sabio o que posee la sabiduría), así se nombra científicamente a los humanos modernos: fuimos los que respondimos mejor al cambio y heredamos la Tierra, que actualmente dominamos en solitario. Nos diferenciamos del resto de homínidos, extintos y no extintos, por nuestra capacidad de manifestarnos mediante el arte. Parece ser que la expresión artística marcó la diferencia. ¿Fue la mejor respuesta al cambio? Sin dudarlo voy a decir que sí. El arte nos ayuda a ver el mundo desde ópticas diferentes y a contrastarlo, y eso nos enriquece. Nos permite dar a conocer nuestra visión personal y desinteresada del mundo, y nos libera, nos transporta a otras dimensiones que avivan nuestra capacidad de imaginar. Ni siquiera la ciencia puede compararse con el arte. Lo que el hombre descubre en la Naturaleza ya existe. Si no es un científico, será otro el primero en hacer el descubrimiento, y su mérito será procurarse una apertura cognitiva para ver más allá que el resto. Una obra de arte es única, y si no es ideada por un artista, no existirá nunca. No sé en qué momento el *Homo sapiens* decidió que su felicidad no se encontraba en ese camino de virtud, destreza y maestría.

El *Homo sapiens* es extraordinario, intuitivo, capaz de hablar, pensar, imaginar y plasmar grandes cosas, pero aún se muestra agresivo con sus semejantes y con el resto de seres vivos. El afán de dominio y el miedo a perder sus posesiones dilata en el tiempo su siguiente paso evolutivo. Hasta hace poco, se creía que el comportamiento de las especies no influía en su genética, que la dotación de genes original era algo intocable. Ahora se sabe que, en insectos como las abejas, un cambio de comportamiento produce cambios en los genes, es decir, que pueden reprogramar su material genético.

Después de darles unas cuantas vueltas a estas ideas en mi cabeza, me he puesto a soñar despierta. He visto cómo prolifera, poco a poco, un nuevo subgrupo de homínidos, que ha cambiado su comportamiento, porque el ambiente lo ha forzado y ha tenido que reprogramar su dotación genética original. A este homínido imaginario que me acabo de inventar le he llamado *Homo sapiens subespecie consciens* (hombre sabio que siente, piensa, ama y obra con pleno conocimiento de lo que hace). Me he imaginado que viene de las estrellas y que continúa viviendo en ellas, porque recuerda que su universo se mantiene en perfecto equilibrio, con los ingredientes necesarios y en sus cantidades exactas. Y, en el fondo, siente que es a lo que debe aspirar como individuo aquí abajo, en la Tierra. Busca el equilibrio pensando en sí mismo y teniendo en cuenta al resto.

Los cambios empiezan en uno mismo, y cuando se da el primer paso, ya no hay vuelta atrás. A partir de ahí, es el corazón el que nos indica donde podemos encontrar la perfección que busca siempre el artista.

DE CÓMO LAS ESTRELLAS INFLUYEN EN NUESTRA INERCIA

El ímpetu de lo intangible

Me desperté entre sueños y observé atónita el agujero que se había hecho en la pared, un enorme agujero que me mostraba un trozo de firmamento. Me acerqué y, mientras lo observaba, inmersa en mis propios pensamientos, una estrella se descolgó del cielo y cayó en mi mano. Me estremecí al ver cómo, al enredarse entre mis dedos, su brillo cobraba más intensidad. Su luz me embaucó y me hizo buscar en los cajones de mi memoria ancestral quién soy y qué he venido a hacer en este mundo, y me di cuenta de que todo lo que anhelo está muy cerca de esa estrella. Me quedé atrapada entre sus redes de luz viendo cómo escapaba y volvía a posarse en el cielo.

Ahora, desde la distancia, creo percibir sus movimientos, y los siento tan cerca de mí que, si cierro los ojos, los puedo palpar con la yema de los dedos. Algo de mí se ha llevado y algo de ella me ha dejado. ¿Cómo se hacen los milagros?, me pregunto una y otra vez mientras me imagino a un batallón de ángeles acordonándonos en un círculo de oro y acercándonos cada vez más y más, hasta unirnos en un gran río de luz que fluye hasta su desembocadura para perderse en la inmensidad de un océano.

No hay noche que pase sin que piense en esa estrella, que cobró vida en mi mano. Siento una extraña atracción hacia ella que hace que esté pendiente de ella y me pregunte si cada segundo que pasa es más feliz que el anterior. ¡Ojalá que así sea! Entró en mi vida y me dejó una huella tan profunda que llegué a la conclusión de que yo ya había orbitado en su atmósfera, y ella en la mía, mucho tiempo atrás, tal vez lustros o eones. Ahora la observo cada noche desde mi ventana y transcribo en versos lo que describen sus movimientos, los que traza entre las cuadrículas que se insinúan en este viejo universo… Y cada vez que pasa más tiempo tengo la certeza de que fue el destino el que nos conectó para que, mutuamente, nos eleváramos en esta cuadratura.

A estas alturas, dudo si fue real o una ilusión pasajera que me deslumbró en sueños y se fue por el mismo sitio por donde había venido, dejando su evanescente rastro en el cielo y evaporándose, finalmente, como por arte de magia.

Es curioso cómo una estrella puede influir en nuestra inercia, tanto imaginaria como real, pues la sensación que tenemos en el plano de lo intangible cuando sentimos atracción por algo o por alguien es muy similar a lo que experimentamos con las fuerzas en el plano de lo tangible. Si alguna vez te has montado en un tiovivo o en el carrusel de un parque, habrás notado cómo actúan esas fuerzas y habrás experimentado sus extraños efectos. Cuando comienzas a dar vueltas y alcanzas cierta velocidad, parece como si te hubiesen atado a una cuerda y estuviesen tirando de ella para acercarte al borde exterior del tiovivo o del carrusel; si te soltaran, saldrías disparado, y si no te contuviera la fuerza de la gravedad, una fuerza de atracción que nos mantiene unidos al suelo, acabarías levitando en el aire u orbitando alrededor del planeta, porque esta fuerza actúa tanto en la tierra como en el cielo. Además, permite que todos los cuerpos celestes (estrellas, planetas, satélites, asteroides, cometas, etc.) orbiten alrededor de un cuerpo mayor que ellos, porque su masa es muy importante, mucho más que las propiedades del espacio que los contiene. Un cuerpo celeste grande deformará el espacio, atrayendo hacía él otros cuerpos celestes menores para que giren a su alrededor.

Todo está en movimiento, todos los objetos del universo actúan sobre todos los demás y cada uno de ellos siente la presencia de los otros a través de la atracción, una ley recíproca y universal que se cumple hasta en lo más profundo de nuestro universo interno.

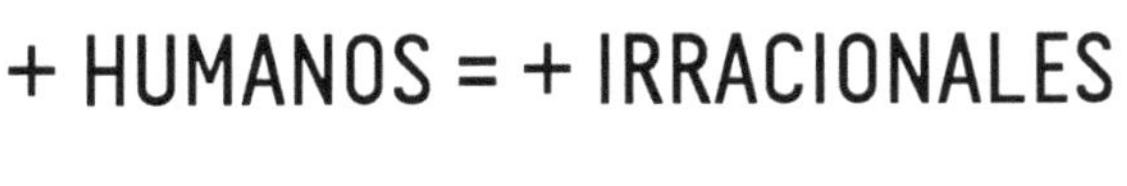

+ HUMANOS = + IRRACIONALES

La sabiduría del absurdo

Aquel día volvía tarde de una reunión de trabajo, estaba cansada y, como tenía hambre, entré en un establecimiento de comida para llevar. Mientras hacía cola y observaba el panel de opciones, dos chicas se colaron delante de mí. Me las quedé mirando por la espalda con gesto vacilante y por un instante dudé si realmente acababan de llegar o si estaban allí antes que yo. Opté por dejarlas pasar sin rechistar. Una de ellas se giró para lanzarme una mirada amenazante, tal vez por si se me ocurría reclamar el puesto que me habían arrebatado. No sabía qué hacer, si llamar su atención educadamente o si mostrarme indiferente. Finalmente, como no tenía ganas de discutir, lo dejé correr… Sabía que el plato de comida lo tenía asegurado, aunque estuviese dos puestos más atrás, y era estúpido desperdiciar energías en una ofensiva que daba por perdida. Aunque habrá opiniones para todos los gustos, algunos pensarán que reaccioné de manera «irracional», pues no tenía que haberme mostrado indiferente ni compasiva ante un supuesto «rival».

Esperando mi turno en la cola, me evadí por completo y me puse a imaginar aquella misma situación pero en otro escenario…, en medio de una sabana. Probablemente no hubiese actuado de esa manera, sino que mi comportamiento hubiese sido el «razonablemente» esperado: amenazar y atacar a mi rival para recuperar el puesto en la cola y asegurarme el alimento antes de que me lo quitase. En la sabana urge ser el primero, si quieres sobrevivir. Pero el ser humano hace tiempo que dejó la sabana y sustituyó el verbo *sobrevivir* por el de *vivir* y lo amplió a *convivir*. No obstante, sigue siendo algo habitual ver a individuos que caprichosamente intentan pasar, y pasan, por delante de los demás para procurarse una buena posición sin una causa «razonablemente» justificada como la de estar sobreviviendo en una sabana. Algunos se creen «razonablemente inteligentes» cuando obstaculizan a los que consideran sus rivales; engañan y, si cabe, abusan de su poder para seguir adelante. Afortunadamente, la mayoría tomamos decisiones más «irracionales», y no porque nuestro modo de razonar falle o sea imperfecto, sino porque es una manera de ampliar nuestro horizonte en un intento reiterado de traer luz a las sombras.

En ciertas situaciones, dar sin obtener una recompensa a cambio nos coloca en desventaja frente a los que se comportan más egoístamente, y, aun así, mostramos una inclinación natural hacia el altruismo y la cooperación. Este comportamiento no es exclusivo de la especie humana, sino que está bastante extendido en la naturaleza. Tanto en el macromundo como en el micromundo natural, los ejemplos de altruismo y de cooperación se repiten continuamente, y no se limitan sólo a individuos de una misma especie, también se dan casos entre especies diferentes. Si el altruismo y la cooperación no fuesen ventajosos para la vida, la selección natural los habría eliminado hace tiempo.

Dar con la fórmula exacta que incluya todos estos ramales «racionales» e «irracionales» en un único modelo de conducta no está siendo fácil. Tal vez sea la física cuántica, concretamente el fenómeno de la superposición de estados, la que podría ayudarnos a comprender esto. La superposición de estados sostiene que un sistema físico existe en todos sus posibles estados de forma simultánea, pero que cuando se observa o se mide, es decir, cuando somos conscientes de él, el resultado es sólo una de sus posibles configuraciones. Mientras esperaba mi turno en la cola, le di unas cuantas vueltas más a esta idea, para saber qué más podía encontrar.

Por cierto, mis dos supuestas rivales se mostraron desconcertadas, evidentemente, al ver que no reaccionaba como esperaban.

REFLEXIONES
EN UNA GRAN SUPERFICIE

El baluarte de la obviedad

El otro día entré en un centro comercial. Necesitaba comprar un regalo y, como no lo tenía muy claro, empecé a dar vueltas hasta que encontré una sección de artículos de regalo. Mientras pensaba en qué comprar, me fui fijando en la cantidad de artículos que había expuestos, en sus tamaños y sus formas. Todo lo que me rodeaba eran cantidades, tamaños y formas. En ese momento me hice una serie de preguntas: ¿Por qué las matemáticas son difíciles de entender? ¿Quizás por la dificultad de llegar a comprender su utilidad práctica? ¿Tal vez porque no sabemos aplicar lo que aprendemos a nuestra experiencia cotidiana?

No me propongo dar una clase de matemáticas, sino ofrecer un breve apunte para despejar alguna que otra duda e intentar suscitar la curiosidad. Empezaré con algunas preguntas: ¿cuándo, dónde y cómo se empezó a pensar en términos matemáticos? Para contestarlas, tenemos que remontarnos a la época en que el ser humano hizo su aparición en la Tierra. En ese momento, el pensamiento matemático debió de surgir de tres conceptos fundamentales: la cantidad, el tamaño y la forma. El ser humano primitivo debió de percibir estas tres nociones básicas, que son los pilares de las matemáticas, a través de sucesivas comparaciones. Para él era esencial distinguir cantidades: distinguir entre una rama seca, dos o muchas equivalía a saber si esa noche pasaría frío o no; discernir entre el pequeño tamaño de un animal y las enormes dimensiones de otro equivalía a saber el grado de peligro al que se enfrentaba, e identificar las formas que aparecían ante sus ojos (el triángulo que configura una montaña, el círculo que describe la luna o la línea recta que traza el límite de una llanura) le ayudaba a reconocer el paisaje que le rodeaba y a orientarse.

Con el paso del tiempo, se ha ido ampliando el campo de aplicación de las matemáticas, y hoy en día tenemos a nuestra disposición una estantería repleta de todo tipo de herramientas que nos permiten desvelar los misterios todavía ocultos de la naturaleza. Esta gran estantería está dividida en varios apartados: geometría, aritmética, álgebra, trigonometría, lógica, probabilidad y matemática moderna. Cuando un matemático se enfrenta a un problema, lo primero que hace es buscar la herramienta más adecuada para resolverlo. Cuando la encuentra, elabora un boceto para adaptarla al mundo real, pues las matemáticas no dejan de ser un mundo paralelo al real, y con ese boceto intenta dar un paso más en la comprensión del mundo.

¡No os imagináis lo presentes que están las matemáticas en nuestra vida diaria! Si queréis empezar a entender su utilidad práctica, sólo tenéis que fijaros en que todo lo que nos rodea son cantidades, tamaños y formas.

Y volviendo al centro comercial…, una vez que tuve el regalo en mis manos, necesitaba salir rápidamente de allí para llegar a tiempo a la fiesta de cumpleaños. A la hora de pagar, distinguir cantidades me permitió escoger la caja en la que había menos gente y con menos artículos en el carro de la compra. Es algo obvio, pero ¡así se empieza!

UN CAOS NECESARIO PARA ENCONTRAR UNA SOLUCIÓN

La simplicidad que oculta la complejidad

Las calles se retorcían violentamente: subidas y bajadas, pendientes y de nuevo suelo raso... Era como estar en un sueño que, a su vez, está dentro de otro.

Las paredes eran húmedas al tacto y el suelo estaba decorado con piedrecitas de colores que dibujaban diferentes figuras geométricas: un rombo aquí, un triángulo allá...

La luz iba cambiando por momentos; ahora era de color gris; luego, azul cielo, y por último, naranja. Fui bajando por una calle empinada que me llevó hasta lo que parecía la plaza de un pueblo. Al final de la plaza había un café donde dos hombres hablaban. No podía oírles, estaba demasiado lejos. De repente, el escenario cambió por completo y me vi en la cubierta de un barco. Una ráfaga de aire trajo hasta mis oídos la conversación que mantenían los dos hombres, que ahora se encontraban en la popa del barco:

—¡Caramba, me he quedado helado!

—Sí, bueno. En cubierta y a estas horas empieza a refrescar un poco.

—No hablaba del tiempo, sino de lo que acabamos de oír.

—¿Te refieres a lo que ha contado esa señora? ¡Bah, son cuentos de viejas en alta mar!

—Es que no es la primera vez que oigo a alguien contar una historia como ésa.

—Sin duda es una mujer acostumbrada a viajar. Seguro que de joven fue aventurera o exploradora, y ahora tiene que inventarse sus historias. Ya sabes, para mantener el nivel de emoción en su vida. La gente con dinero suele ser mucho más desconfiada, tienen mucho que perder. Y también, por eso mismo, les ocurren más cosas.

—¡Eso no es cierto! A los pobres les pasan más desgracias y ya lo tienen todo perdido.

—Sí, pero cuando no tienes nada, nada pierdes.

—Bueno, eso sólo significa que eres más libre. Ser responsable de administrar y mantener una buena cantidad de dinero ata mucho, pero a mí no me importaría perder grados de libertad si los puedo recuperar por otro lado.

—Imagínate por un momento que, en un tiempo pasado, hubiésemos sido nosotros los ricos.

—¡Si hubiese sido rico, créeme, ahora estaría llorando y preguntándome qué hice mal!

—¡Quizás no, amigo mío! Quizás elegiste ser pobre en esta vida para recobrar la intensidad que perdiste al vivir con tantas facilidades.

La imagen se desvaneció y volví a la plaza del pueblo. Los dos hombres habían desaparecido y yo me encontraba dando vueltas en un tiovivo.

Esto que acabáis de leer es un sueño que tuve. Es alucinante cómo el cerebro mezcla y reconstruye las vivencias en una especie de película que se proyecta cuando entramos en la fase profunda del sueño. No siempre me acuerdo de los sueños que tengo; sólo recuerdo los que más me han impactado, que suelen coincidir con los momentos en que algo me ronda por la cabeza y no le encuentro solución. Parece que, cuando pierdo el control y dejo el raciocinio aparte, el cerebro se encarga de desordenarlo todo y de reconstruirlo para aportarme, en la mayoría de los casos, la solución al problema… y, cómo no, también una historia que contar.

Estas historias que cuento no siempre se me presentan en sueños. En muchas ocasiones estoy despierta cuando aparecen de la nada. Es posible que me pase días y noches enteras sin alguna ocurrencia útil con la que rellenar una hoja en blanco. Y de repente, cuando menos me lo espero, algo explota y trae consigo una lluvia de ideas perfectas y enlazadas que me sirven para desarrollar un escrito.

Escritores, pintores, músicos, poetas, algún que otro científico y, en definitiva, todo aquel que se sumerge en la esfera cósmica del arte, suelen admitir que la información que les llega, cuando están inmersos en un proceso creativo, parece provenir del exterior; como si su bolígrafo o su pincel actuasen como canales por los que circulan las ideas que, a saber, se encuentran más allá de las estrellas...

El cerebro es un órgano extraordinario y complicado que funciona con las reglas de la física cuántica. Nos queda mucho por descubrir, y la naturaleza es dada a ocultar la simplicidad bajo capas que suman complejidad.

Mientras se destapa el velo que empaña este misterio, te aconsejo que sigas soñando y materializando los sueños que te hacen ser feliz. Yo continuaré haciéndolo, porque estoy convencida de que todos los que abrimos el cerebro de nuestro corazón conseguimos cambiar la realidad.

Índice

www.ingramcontent.com/pod-product-compliance
Ingram Content Group UK Ltd.
Pitfield, Milton Keynes, MK11 3LW, UK
UKHW042002190726
13854UKWH00005B/2128

9 788494 366147